国家出版基金项目

NATIONAL PUBLICATION FOUNDATION

中宣部2022年主题出版重点出版物

"十四五"国家重点图书出版规划项目

纪录小康工程

全面建成小康社会

湖南影像记

HUNAN YINGXIANGJI

本书编写组

湖南人民出版社·长沙

总　序

为民族复兴修史　为伟大时代立传

　　小康，是中华民族孜孜以求的梦想和夙愿。千百年来，中国人民一直对小康怀有割舍不断的情愫，祖祖辈辈为过上幸福美好生活劳苦奋斗。"民亦劳止，汔可小康""久困于穷，冀以小康""安得广厦千万间，大庇天下寒士俱欢颜"……都寄托着中国人民对小康社会的恒久期盼。然而，这些朴素而美好的愿望在历史上却从来没有变成现实。中国共产党自成立那天起，就把为中国人民谋幸福、为中华民族谋复兴作为初心使命，团结带领亿万中国人民拼搏奋斗，为过上幸福生活胼手胝足、砥砺前行。夺取新民主主义革命伟大胜利，完成社会主义革命和推进社会主义建设，进行改革开放和社会主义现代化建设，开创中国特色社会主义新时代，经过百年不懈奋斗，无数中国人摆脱贫困，过上衣食无忧的好日子。

　　特别是党的十八大以来，以习近平同志为核心的党中央统揽中华民族伟大复兴战略全局和世界百年未有之大变局，团结带领全党全国各族人民统筹推进"五位一体"总体布局、协调推进"四个全面"战略布局，万众一心战贫困、促改革、抗疫情、谋发展，党和国家事业取得历史性成就、发生历史性变革。在庆祝中国共产党成立100周年大会上，习近平总书记庄严宣告："经过全党全国各族人民持续奋斗，我们实现了第一个百年奋斗目标，在中华大地上全面建成了小康社会，历史性地解决了绝对贫困问题，正在意气风发向着全面建成社会主义现代化强国的第二个百年奋斗目标迈进。"

这是中华民族、中国人民、中国共产党的伟大光荣！这是百姓的福祉、国家的进步、民族的骄傲！

全面小康，让梦想的阳光照进现实、照亮生活。从推翻"三座大山"到"人民当家作主"，从"小康之家"到"小康社会"，从"总体小康"到"全面小康"，从"全面建设"到"全面建成"，中国人民牢牢把命运掌握在自己手上，人民群众的生活越来越红火。"人民对美好生活的向往，就是我们的奋斗目标。"在习近平总书记坚强领导、亲自指挥下，我国脱贫攻坚取得重大历史性成就，现行标准下9899万农村贫困人口全部脱贫，建成世界上规模最大的社会保障体系，居民人均预期寿命提高到78.2岁，人民精神文化生活极大丰富，生态环境得到明显改善，公平正义的阳光普照大地。今天的中国人民，生活殷实、安居乐业，获得感、幸福感、安全感显著增强，道路自信、理论自信、制度自信、文化自信更加坚定，对创造更加美好的生活充满信心。

全面小康，让社会主义中国焕发出蓬勃生机活力。经过长期努力特别是党的十八大以来伟大实践，我国经济实力、科技实力、国防实力、综合国力跃上新的大台阶，成为世界第二大经济体、第一大工业国、第一大货物贸易国、第一大外汇储备国，国内生产总值从 1952 年的 679 亿元跃升至 2021 年的 114 万亿元，人均国内生产总值从 1952 年的几十美元跃升至 2021 年的超过 1.2 万美元。把握新发展阶段、贯彻新发展理念、构建新发展格局、推动高质量发展，全面建设社会主义现代化国家，我们的物质基础、制度基础更加坚实、更加牢靠。全面建成小康社会的伟大成就充分说明，在中华大地上生气勃勃的创造性的社会主义实践造福了人民、改变了中国、影响了时代，世界范围内社会主义和资本主义两种社会制度的历史演进及其较量发生了有利于社会主义的重大转变，社会主义制度优势得到极大彰显，中国特色社会主义道路越走越宽广。

全面小康，让中华民族自信自强屹立于世界民族之林。中华民族有五千多年的文明历史，创造了灿烂的中华文明，为人类文明进步作出了卓越贡献。近代以来，中华民族遭受的苦难之重、付出的牺牲之大，世所罕见。中国共产党带领中国人民从沉沦中觉醒、从灾难中奋起，前赴后继、百折不挠，战胜各种艰难险阻，取得一个个伟大胜利，创造一个个发展奇迹，用鲜血和汗水书写了中华民族几千年历史上最恢宏的史诗。全面建成小康社会，见证了中华民族强大的创造力、坚韧力、爆发力，见证了中华民族自信自强、守正创新精神气质的锻造与激扬，实现中华民族伟大复兴有了更为主动的精神力量，进入不可逆转的历史进程。今天，我们比历史上任何时期都更接近、更有信心和能力实现中华民族伟大复兴的目标，中国人民的志气、骨气、底气极大增强，奋进新征程、建功新时代有着前所未有的历史主动精神、历史创造精神。

全面小康，在人类社会发展史上写就了不可磨灭的光辉篇章。中华民族素有和合共生、兼济天下的价值追求，中国共产党立志于为人类谋进步、为世界谋大同。中国的发展，使世界五分之一的人口整体摆脱贫困，提前十年实现联合国 2030 年可持续发展议程确定的目标，谱写了彪炳世界发展史的减贫奇迹，创造了中国式现代化道路与人类文明新形态。这份光荣的胜利，属于中国，也属于世界。事实雄辩地证明，人类通往美好生活的道路不止一条，各国实现现代化的道路不止一条。全面建成小康社会的中国，始终站在历史正确的一边，站在人类进步的一边，国际影响力、感召力、塑造力显著提升，负责任大国形象充分彰显，以更加开放包容的姿态拥抱世界，必将为推动构建人类命运共同体、弘扬全人类共同价值、建设更加美好的世界作出新的更大贡献。

回望全面建成小康社会的历史，伟大历程何其艰苦卓绝，伟大胜利何其光辉炳耀，伟大精神何其气壮山河！

这是中华民族发展史上矗立起的又一座历史丰碑、精神丰碑！这座丰碑，凝结着中国共产党人矢志不渝的坚持坚守、博大深沉的情怀胸襟，辉映着科学理论的思想穿透力、时代引领力、实践推动力，镌刻着中国人民的奋发奋斗、牺牲奉献，彰显着中国特色社会主义制度的强大生命力、显著优越性。

因为感动，所以纪录；因为壮丽，所以丰厚。恢宏的历史伟业，必将留下深沉的历史印记，竖起闪耀的历史地标。

中央宣传部牵头，中央有关部门和宣传文化单位，省、市、县各级宣传部门共同参与组织实施"纪录小康工程"，以为民族复兴修史、为伟大时代立传为宗旨，以"存史资政、教化育人"为目的，形成了数据库、大事记、系列丛书和主题纪录片4方面主要成果。目前已建成内容全面、分类有序的4级数据库，编纂完成各级各类全面小康、脱贫攻坚大事记，出版"纪录小康工程"丛书，摄制完成纪录片《纪录小康》。

"纪录小康工程"丛书包括中央系列和地方系列。中央系列分为"擘画领航""经天纬地""航海梯山""踔厉奋发""彪炳史册"5个主题，由中央有关部门精选内容组织编撰；地方系列分为"全景录""大事记""变迁志""奋斗者""影像记"5个板块，由各省（区、市）和新疆生产建设兵团结合各地实际情况推出主题图书。丛书忠实纪录习近平总书记的小康情怀、扶贫足迹，反映党中央关于全面建成小康社会重大决策、重大部署的历史过程，展现通过不懈奋斗取得全面建成小康社会伟大胜利的光辉历程，讲述在决战脱贫攻坚、决胜全面小康进程中涌现的先进个人、先进集体和典型事迹，揭示辉煌成就和历史巨变背后的制度优势和经验启示。这是对全面建成小康社会伟大成就的历史巡礼，是对中国共产党和中国人民奋斗精神的深情礼赞。

历史昭示未来，明天更加美好。全面建成小康社会，带给中国人民的是温暖、是力量、是坚定、是信心。让我们时时回望小康历程，深入学习贯彻习近平新时代中国特色社会主义思想，深刻理解中国共产党为什么能、马克思主义为什么行、中国特色社会主义为什么好，深刻把握"两个确立"的决定性意义，增强"四个意识"、坚定"四个自信"、做到"两个维护"，以坚如磐石的定力、敢打必胜的信念，集中精力办好自己的事情，向着实现第二个百年奋斗目标、创造中国人民更加幸福美好生活勇毅前行。

民亦劳止，汔可小康。

——《诗经·大雅·民劳》

目　录

喜看稻菽千重浪，
遍地英雄下夕烟。

——毛泽东《七律·到韶山》

　　社会主义革命和建设时期，湖南进发出"喜看稻菽千重浪，遍地英雄下夕烟"的建设热潮。

　　这一时期，在党中央坚强领导下，湖南开展有计划的经济建设和农业、手工业、资本主义工商业的社会主义改造。湖湘大地镌刻着百万军民会战"三线"建设等战斗场景，建成了韶山、欧阳海等大型灌溉工程和上百个大型水库，建立起 40 多个军工和近 30 个民用大中型骨干企业，创造了第一台干线电力机车等多个"第一"……

　　湖南为党和国家事业发展作出了积极探索。在如火如荼的社会主义建设时期，湖南也孕育产生了体现社会主义核心价值观的雷锋精神，至今还影响着每一位中国人。

第一篇章

自力更生

发愤图强

1

社会主义革命和建设时期
（1949—1978）

1949年8月5日，湖南和平解放，这
是中国人民解放军进入长沙的场景。

佚名 摄

1954 年，长沙火车北站列车检修所第三组的工人读了《中华人民共和国宪法》后欢欣鼓舞，一致表示要以实际行动来拥护宪法。

张云龙 摄

1957 年 9 月 20 日，湘西土家族苗族自治州成立，成为我省唯一的少数民族自治州。9 月 21 日，100 多万各族人民欢欣鼓舞，共同庆祝。

张云龙 摄

1959 年 10 月 1 日，庆祝中华人民共和国成立十周年，湖南省会长沙 17 万人进行盛大游行。

谭汉明 摄

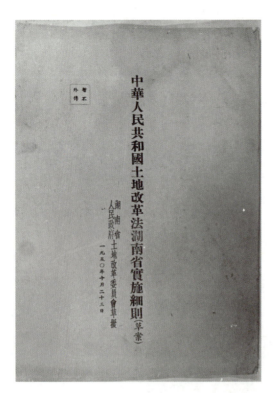

1950年10月23日,《中华人民共和国土地改革法湖南省实施细则（草案）》发布。

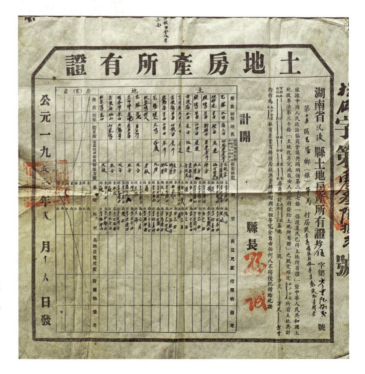

1953年2月,沅陵县土地改革后一位农民获得的"土地房产所有证"。

1962年7月，长沙县新康公社的社员在
早稻收割后，送交公粮。

———

张云龙 摄

1963年6月，长沙县新康公社西流大
队张家生产队社员车水灌田抗旱。

张云龙 摄

1963 年 9 月，衡山县大浦供销社积极为农业生产服务，把蔬菜种子用货郎担送到生产队。

唐又庭 摄

1964 年 2 月 25 日，长沙市清洁工人在冰雪严寒的天气里克服重重困难，收储人粪肥料运往农村，支援春耕生产。

刘振国 摄

1964 年 9 月 14 日，长沙市热
烈欢送首批知识青年下农村。广
大知识青年在农业生产第一线艰
苦劳作，为建设农村作出了巨大
贡献。

———

唐大柏 摄

1970 年 2 月，龙山县洛塔公社群众背负重竹笼，攀爬绳梯，将水泥、砂子运到天坑作业。当时，洛塔人民依靠"自力更生，艰苦创业"的奋斗精神，下天坑，堵暗河，修渠道，开梯田，创造出了一个个奇迹。洛塔公社由过去的"滴水贵如油，三年两歉收"的穷山窝，变成了"家家有饭吃，年年有余粮"的"大寨江南"。

刘振国 摄

1955 年 1 月 29 日，洞庭湖堤垸修复工程中一个最艰难的工程——汉寿小港堵口工程胜利合龙。从此，沅水主流改变流道，不再经过小港流入西洞庭湖区域为害农田。

张云龙 摄

上图

1964 年 9 月 24 日，湖南省第一座大型水电站柘溪水电站全貌。该水电站于 1958 年 7 月开工，1962 年 1 月第一台机组发电，1975 年 7 月第一期 6 台发电机组全部投产。

———

唐大柏 摄

右图

1966 年 6 月 2 日，韶山灌区总干渠、北干渠建成通水。灌区设计灌溉面积 100 万亩，涉及娄底、湘潭和长沙 3 市 2500 平方公里土地。灌区建成后，产生了巨大的经济效益和社会效益，被誉为"湘中河畔的一颗明珠"。该灌区是湖南第一个也是目前最大的引水灌溉工程。

———

刘振国 摄

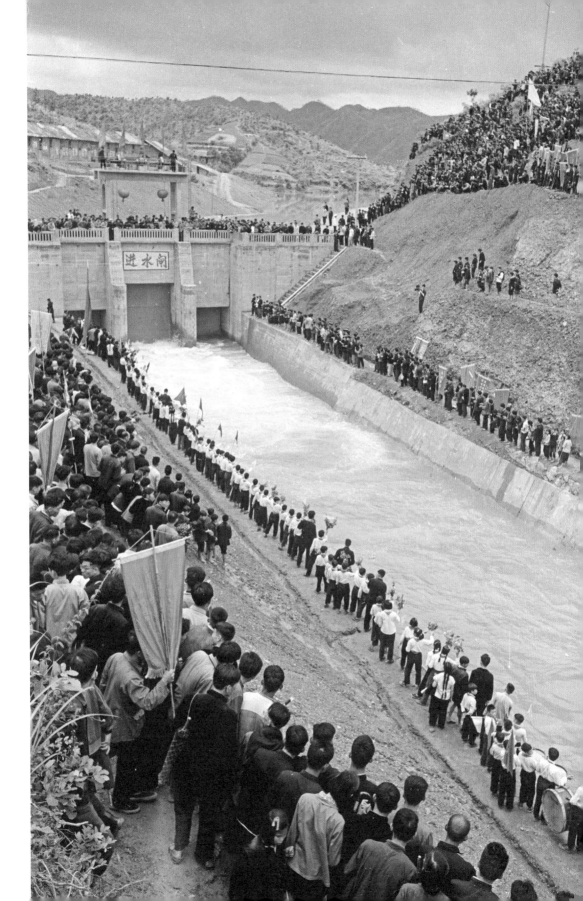

1958年12月，株洲机车厂（今中车株机）和湘潭电机
厂联合研制的我国第一台干线电力机车下线。

———————

佚名 摄

1959年3月19日，长沙市东风钢厂在开展高质量竞赛中创造了合格铜材65吨的新纪录，这是工人们在烧炼铜材的繁忙情形。

唐又庭 摄

1966年10月1日，醴浏铁路全线正式通车。这条名扬醴陵、浏阳两市的窄轨铁路，促进两地经济飞速发展。

唐大柏 摄

70 年代初，湘黔铁路上的火车通过罗依溪铁路大桥，将物资
运往湘西。湘黔铁路于 1972 年 10 月全线贯通，1975 年 1
月全线运营。该条铁路对连通我国东西交通、开发大湘西乃
至我国大西南具有重要意义。

唐大柏 摄

1972 年 9 月 30 日，长沙湘江大桥胜利建成通车。这座东连五一路，飞跨橘子洲，西接岳麓山，位于长沙中轴线上的过江大桥，第一次将长沙市河东、河西连成一体，结束了长期以来靠划舟和轮船摆渡的历史。

———————

唐大柏 摄

1977 年 6 月 30 日，长沙火车站落成，以 63 米的高度成为当时
长沙市最高的建筑。

———————

田应坤 摄

2021年1月12日，提质改造完成后的长沙火车站西广场。

李健 摄

　　火车站是一个城市的名片，也是这个城市的标志性建筑之一。1977年，长沙火车站以63米的高度成为当时长沙市的第一高楼。随着经济的快速发展，城市不断扩张，高层建筑如同雨后春笋拔地而起，长沙的高度也开始节节攀升。不断刷新的城市高度，塑造了城市新地标，见证了社会经济发展的变迁。

1978年9月30日，横贯长沙市的
主干道五一路的中段——五一中路
胜利建成通车。

陈金华 摄

1958年10月5日，望城县望岳人民公社红专学校学士大队的学员们利用
休息时间在田间学文化。二十世纪五六十年代，新中国通过4次大规模的
扫盲运动，先后有1亿多中国人摘掉了文盲的帽子。如此大规模并卓有成
效的扫盲运动，创造了人类历史上的奇迹。

———

唐又庭 摄

1957年10月，湘潭纺织厂幼儿园，孩子们在做游戏。新中国成立初期，湖南幼儿教育事业有了很大的发展。

刘振国 摄

1963年3月，临湘县路口公社，生产队的会计、民办教师丁与生正在教学员珠算。

张云龙 摄

1968 年 11 月，长沙轴承厂幼儿园小朋友在学习唱歌。

田应坤 摄

1978年5月，衡阳市人民路小学，学生学习发电报。

田应坤 摄

1954 年 9 月 1 日，长沙市工人文化宫，
学生在学习游泳。

———————

张云龙 摄

1959年9月，长沙市裕湘纱厂，女工们在唱歌。当年，
纱厂有职工近5000人，学校、医院等公共设施一应
俱全，成为无数青年向往的工作地。

———

张云龙 摄

1964年2月14日，长沙市五一广场，
腰鼓舞队正表演腰鼓舞，欢庆春节。

唐又庭 摄

1965 年 1 月 25 日，岳阳军分区民兵电影组深入农村进行慰问放映，密切军民关系。这是电影组春节前在湘阴濠河公社五星大队放映电影。

唐大柏 摄

二十世纪七十年代，湖南电视台外景。1970 年 10 月 1 日，湖南电视台正式开播，同日播出国庆活动实况。1990 年 4 月，中国第一家省级有线电视台湖南有线电视台开播。

谷一均 摄

1972 年 1 月，湖南省博物馆与中国科学院考古研究所正式对马王堆墓葬进行科学挖掘。这是各校学生支援马王堆汉墓发掘工作的现场。

佚名 摄

1966年2月14日，韶山灌区工地，省第二十五巡回医
疗队医务工作者在工地上给民工们换药。

刘振国 摄

1959 年 2 月，从全省各地调运的生猪运到长沙，准备供应春节市场。

刘振国 摄

1964 年 6 月 1 日，邵阳市工业街粮店，群众正在有序地购买粮油。

张云龙 摄

洞庭波涌连天雪，
长岛人歌动地诗。

——毛泽东《七律·答友人》

改革开放和社会主义现代化建设新时期，湖南澎湃着"洞庭波涌连天雪，长岛人歌动地诗"的发展大潮，孕育着无限的生机与希望。

改革就是解放生产力、发展生产力。1982 年，家庭联产承包责任制的确立，给予了农民生产经营自主权，极大提高了广大农民农业生产的积极性。

改革给湖南装上了发展引擎，开放让湖南跟上了世界步伐。这一时期，湖南全省着力加强基础产业、基础设施和基础工作，大力推进新型工业化，扎实推进社会主义新农村建设，努力构建和谐湖南。全省经济发展加快，质量效益显著提高，发展活力进一步增强，社会事业全面进步，民生不断改善，谱写了富民强省的崭新篇章。

湖南实现了从百废待兴到百业兴旺、从内陆封闭到创新开放、从温饱不足到人民幸福的伟大跨越，每一个人、每户家庭、每座城市都见证和收获着改革开放的累累硕果。

解放思想 锐意进取

第二篇章

2

改革开放和社会主义
现代化建设新时期
（1978—2012）

1981年6月，华容县实行的生产责任制给农村带来大变化。养兔出了名的刘望生和邹书林二户联合承包养长毛兔，养殖规模由127只发展到520多只，每年上交纯利2400多元。

黎善绍 摄

1981年11月18日，黔阳县沙湾公社中心大队冰糖柑高产丰收。

陈金华 摄

1984年8月，吉首市吉首乡振武营村第八村民小组杨秀成一家话家常。过去由于吃"大锅饭"和单一经营，杨秀成一家年年超支欠债。实行承包责任制后，他们发挥劳力多、劳力强的优势，在土地上做增产增收文章，广开生产门路。1983年一年，粮食生产加上其他副业，杨秀成一家总收入达11150元，除去成本开支，人均纯收入823元，一年大翻身。

唐大柏 摄

二十世纪七十年代末，涟源钢
铁厂，小转炉混铁炉作业区。

黎善绍 摄

1979年10月，省委、省政府将涟源钢铁厂等60家企业作为首批扩大自主权试点，湖南国企改革春潮涌动。

40多年来，从最初的放权让利，到逐渐建立现代企业制度，再到不断深化国有资产管理体制改革，我省国有企业从计划经济时代的"生产车间"，蜕变为独立的市场竞争主体，不断做强做优做大。

2018年5月23日，湖南华菱涟源钢铁有限公司2250热轧板厂在忙着生产。

———————————

唐俊 摄

1981年2月21日，湘潭市针织厂纬编车间的机器日夜都在不停地运转。湘潭市针织厂按照市场的需要，不断增加花色品种，提高产品质量，在搞好经编织品的同时，又大力发展纬编织品。

———————

陈金华 摄

1992 年 4 月 17 日，正在辛勤工作的长沙电表厂员工。

谷一均 摄

1995 年 2 月 23 日，沅江市草尾镇的缫丝加工厂正高速运转，其产品远销全球 20 多个国家和地区。

龙启云 摄

1984年11月，通道侗族自治县，县城与乡镇之间运行的公交车便利人们出行。

————

黎善绍 摄

1995年2月9日，长沙火车站售票大厅，前来买票的人排起了长队。
现在，随着网络购票、移动支付等新技术的出现，售票渠道越来越多、
效率越来越高，旅客彻夜排队抢票的场景早已不复存在。

刘建光 摄

1989年8月29日，湖南第一个大型民用一级机场——长沙黄花机场
正式开航。30多年来，黄花机场年旅客吞吐量从几万人次增至2000
多万人次，航线网络从国内延伸到国外。如今，黄花机场进入双跑道、
双航站楼时代，成为全球百强机场。

唐大柏 摄

1992 年 8 月 18 日，湘黔铁路怀（化）玉（屏）段电
气化正式通车。其属于国家"七五"重点工程建设项
目之一。

张京明 摄

1999 年 9 月，长沙经济技术开发区段长永高速公路。
1994 年，长永（长沙至浏阳永安）高速公路全线贯通，
湖南没有高速公路的历史宣告结束。

谷一均 摄

1997年8月5日，铁五局新运处第二工程段职工在石长铁路长沙铺架处开始铺架。1998年10月16日，石长铁路全线通车，它的建成结束了湘西北不通火车的历史，也拉通了京广、焦柳两条南北干线，对湘西北经济发展和旅游资源开发产生了显著效应。

陈金华 摄

2008 年 8 月 20 日，京珠高速长潭段。京珠高速公路（G4）是国家南北交通大动脉之一，其长潭段拉近了长株潭三市的距离，促进了经济发展。

刘尚文 摄

2009年12月26日，武广高铁客运专线投入运营，标志着湖南正式迈入高铁时代。它纵贯鄂湘粤三省，是京广高铁的重要组成部分，使武汉、长沙、广州三地联系更加紧密。

郭立亮 摄

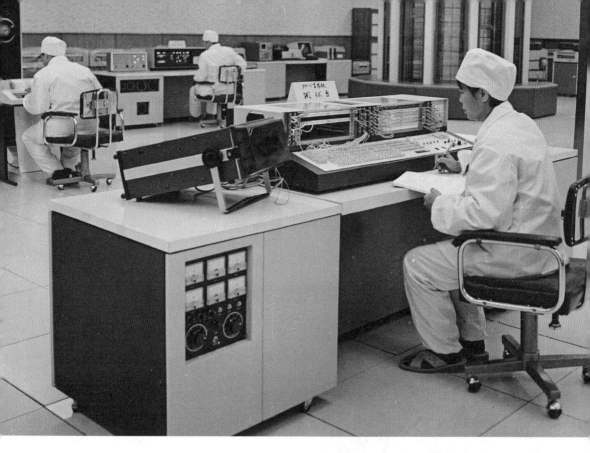

"银河"亿次电子计算机机房一角。1983年12月，国防科技大学新研制的每秒计算一亿次的巨型电子计算机——"银河"亿次机通过国家鉴定。

陈金华 摄

2000年，我国首台类人型机器人由国防科技大学研制成功，标志着中国在机器人尖端技术研究领域取得重大成就。

佚名 摄

2013年6月15日，"天河二号"超级计算机机房。
2013年5月，峰值速度达5.49亿亿次的"天河二号"
惊艳亮相，并先后六次站在世界超算500强榜首。

何书远 摄

1991 年 9 月 8 日，湘交会
展厅工艺品馆里，客商被精
美的工艺品所吸引。湘交会
的举办，标志着湖南以新的
姿态，走向更大、更开放的
市场。不同肤色、不同语言
的中外客商和来宾，从四面
八方涌向这里。

陈金华 摄

1993 年，湖南省凤凰县苗族聚居的腊尔山镇建起了一所希望工程学校——腊尔山希望小学，使全乡 1000 多名苗族儿童全部入学。这是该校苗族女教师在辅导学生。

龙启云 摄

2010 年 3 月 1 日，9 岁的江西籍农民工子弟黄某（前）顺利入学长沙市岳麓区新民小学三年级，并在课堂上踊跃举手回答老师的提问，她是在该校就读的 294 名农民工子弟中的一员。

徐行 摄

2011 年 10 月，中央决定从 2011年秋季学期起，启动农村义务教育学生营养改善计划。江华瑶族自治县河路口镇关水阁完全小学，瑶族学生在高兴地吃着牛奶、鸡腿组成的饭后营养餐。

童迪 摄

2011 年 11 月 20 日，在绥宁县长铺镇第二小学举行的"我运动 我快乐"冬季田径运动会上，同学们奋力拼搏，勇创佳绩。该校注重加强素质教育，以此培养学生团结和谐、积极拼搏的精神。

袁永东 刘思东 摄

1983 年 7 月，江华县，群众在观看六月六歌会。

那时，骑自行车出行是很时髦的事。

黎善绍 摄

1983 年，渔鼓艺人参加祁东县城全民文明礼貌月宣传活动。

————

曾强梅 摄

1996 年 12 月 21 日，湘乡市委、市政府组织市花鼓戏剧团到翻江镇演出，吸引了数以万计的群众观看。

————

陈金华 摄

2012年9月7日，第9届中国金鹰电视艺术节开幕式暨文艺晚会在湖南国际会展中心举行。金鹰电视艺术节已成为促进中国电视艺术水平提升发展的重要力量。

———————

郭立亮 摄

二十世纪七十年代末的橘子洲头全貌。

周义武 供图

橘子洲 1961 年被改建为橘洲公园，1962 年对外开放，1998 年更名为岳麓山风景名胜区橘子洲景区，2001 年更名为长沙岳麓山风景名胜区橘子洲景区。橘子洲是国家 5A 级旅游景区、国家重点风景名胜区，长沙"山、水、洲、城"旅游格局的核心要素。

2021 年 7 月 22 日，湘江橘子洲头。 俯瞰长沙湘江两岸，百里湘江风光带绿意融融，一幅生态都市画卷在眼前徐徐展开。

———————

辜鹏博 摄

1977 年冬，国营张家界林场，职工在育苗。

安用甫 摄

　　1988 年，国务院将武陵源列为国家重点风景名胜区，并批准设立武陵源县级行政区。这里拥有世界自然遗产、世界地质公园、第一个国家森林公园、全国首批 5A 级旅游景区、全国文明风景旅游区、"张家界地貌"命名地等多块"金字招牌"，成为闻名中外的旅游胜地。

2011 年 11 月 10 日，张家界武陵源天子山
风景区，御笔峰景点秋韵。

邓昌勇 摄

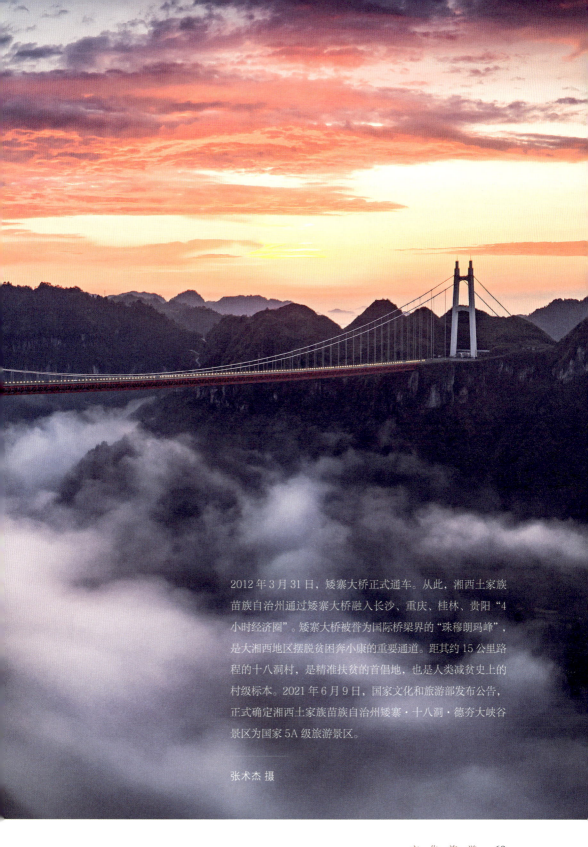

2012 年 3 月 31 日，矮寨大桥正式通车。从此，湘西土家族苗族自治州通过矮寨大桥融入长沙、重庆、桂林、贵阳"4 小时经济圈"。矮寨大桥被誉为国际桥梁界的"珠穆朗玛峰"，是大湘西地区摆脱贫困奔小康的重要通道。距其约 15 公里路程的十八洞村，是精准扶贫的首倡地，也是人类减贫史上的村级标本。2021 年 6 月 9 日，国家文化和旅游部发布公告，正式确定湘西土家族苗族自治州矮寨·十八洞·德夯大峡谷景区为国家 5A 级旅游景区。

张术杰 摄

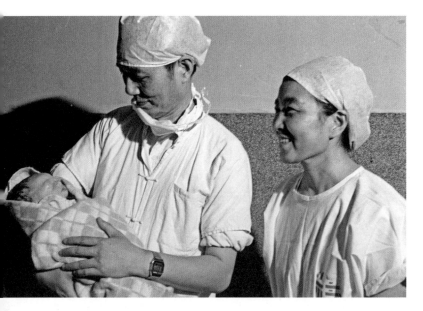

1988年6月7日，我国第一个异体试管婴儿在湖南医科大学附二医院降生。这个婴儿的降生宣告我省在生殖工程领域的科学研究已赶上世界先进水平。

————

陈金华 摄

1987年9月17日，血防站的医务人员在洞庭湖上为渔民检查病情。沅江县血防站的医务工作者不辞劳苦，发动群众灭钉螺，搞普查，积极开展血防工作。

————

宁光前 摄

2011 年 2 月 19 日，吉首市矮寨镇矮寨社区，68 岁的张宗智老人高兴地展示自己的新农合和新农保证件。2012 年，全省参加新农合人数为 4671.16 万人（不含长沙等城乡统筹试点地区的农村人口），参合率达 98.22%，实现了绝大多数农民参加新农合制度的目标。

郭立亮 摄

1980年9月，浏阳县永和镇，居民在照相馆合影留念。那时，
照相是一种相对奢侈的消费。随着社会的发展、科技的进步，
相机、手机逐渐进入普通人家，老百姓随时随地都可拍照留念。

黎善绍 摄

1981 年 12 月 9 日，华容县幸福公社
社员杨荣华家里建起了新房，添置了
单车、手表、电扇、收音机、电视机等，
被评为"富裕之家"。

———————

陈金华　摄

1986 年 12 月 19 日，常德澧县，市民在市场选购服装。
这是当时湘鄂边界地区最大的小商品专业市场一条街。

陈小鹰 摄

1992年6月30日，湖南省证券公司第一营业部的门前，购买证券的市民排起了长龙。

———————

陈金华 摄

1999 年 10 月 29 日，长沙市 3000 万元福利彩票发行，首发当天各销售点群众购买彩票十分踊跃。

谷一均 摄

常德市安乡县安造垸溃口处堵漏。1998 年 6 月 20
日至 8 月下旬，湖南发生百年不遇特大洪灾。洪
灾暴发后，在党中央坚强领导下，全省 200 多万
军民艰苦奋战，夺取了抗洪救灾的伟大胜利。

刘建光 摄

2008 年 2 月 4 日，京珠高速公路郴州段，大型机械在铲除路上的厚冰，以保障公路运输畅通。2008 年 1 月 12 日至 2 月 5 日，湖南省遭受了百年不遇的特大雨雪冰冻灾害，湖南上下同心，取得了抗冰救灾斗争的决定性胜利，也为全国抗冰救灾工作大局作出了重要贡献。

郭立亮 摄

装点此关山，
今朝更好看。

——毛泽东《菩萨蛮·大柏地》

进入中国特色社会主义新时代，湖南掀开了"装点此关山，今朝更好看"的崭新篇章。

湖南是精准扶贫首倡地，也是全国脱贫攻坚主战场之一。这些年，湖南始终牢记习近平总书记殷殷嘱托，强化"首倡之地当有首倡之为"的政治责任，努力走好精准、特色、可持续的发展之路，夺取了脱贫攻坚战的全面胜利，书写了中国减贫奇迹的湖南篇章。

党的十八大以来，习近平总书记三次考察湖南，为湖南擘画"三高四新"战略定位和使命任务的发展蓝图，激励三湘儿女赓续精神血脉，接续奋斗。全省上下锚定高质量发展持续发力，激活高质量发展内生动力，催生高质量发展新优势，展现高质量发展新作为，在新时代不断创造新辉煌。

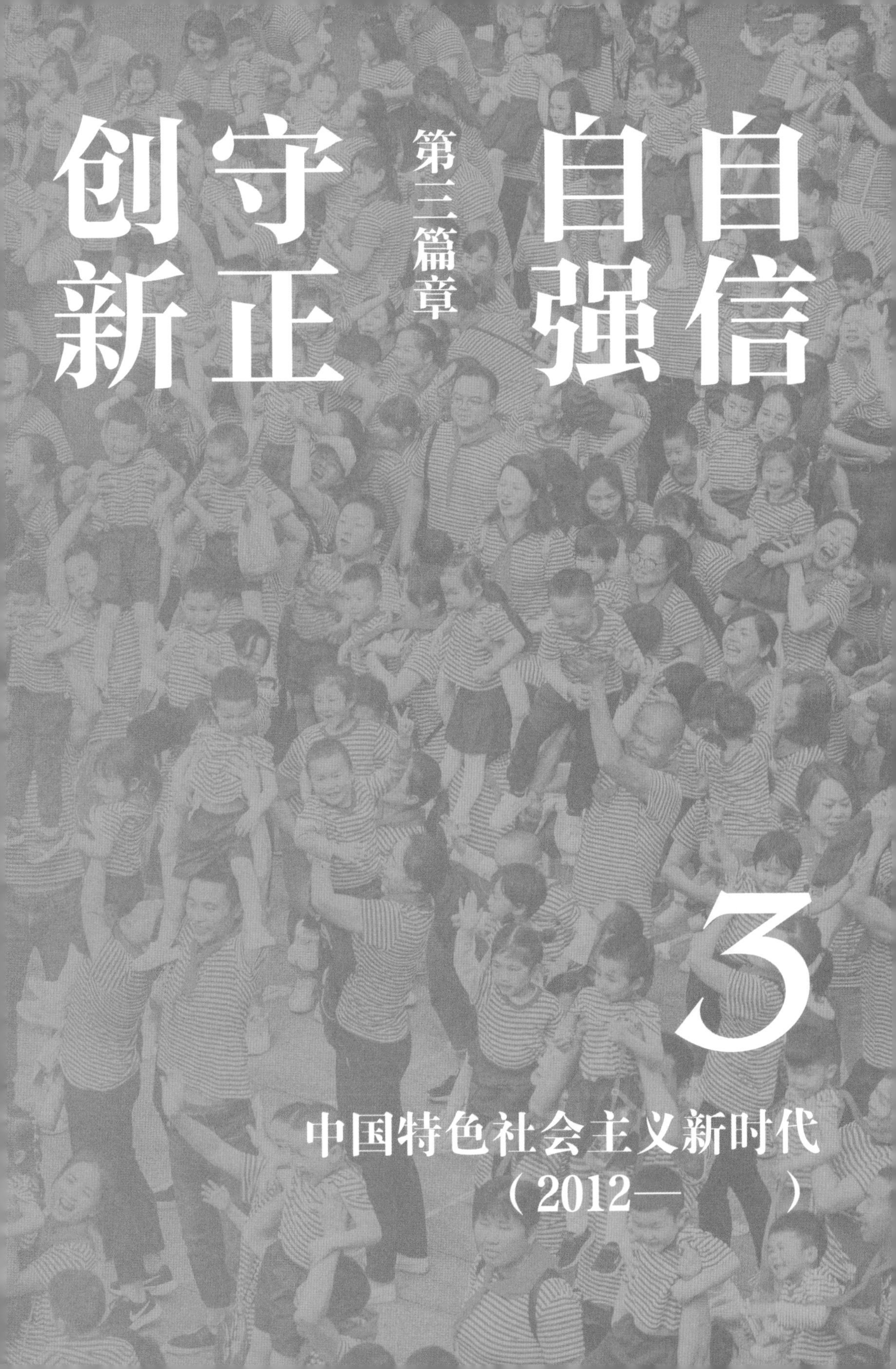

自信 自强 守正 创新

3

中国特色社会主义新时代

（2012——　　）

2013年11月3日，习近平总书记翻山越岭来到湘西州花垣县十八洞村，在这里第一次提出了精准扶贫重要思想。如今，十八洞村已从深度贫困苗乡发展成小康示范村寨。这是2020年5月3日花垣县十八洞村梨子寨。

———————

龙耀湘 摄

近年来，在各类扶贫力量的支持下，花垣县因地制宜推进十八洞村的公路
建设，拓宽提质建设全长 8.856 公里的 Y021 线（G319 至十八洞村公路）。
2021 年 3 月，花垣县开通了十八洞村至花垣县城的公交线路，每天开行 6
辆公交车，极大方便了沿线群众出行。图为十八洞村进村公路入口。

———————

石林荣 摄

2018 年 9 月 15 日，十八洞村村民在采摘猕猴桃。

龙爱青 摄

2019 年 2 月 23 日，十八洞村村民与游客同唱《我和我的祖国》，表达对伟大祖国的热爱与祝福。

龙爱青 摄

2019 年 12 月 29 日，十八洞村"大姐"石拔专拿到村集体经济分红后，开心地笑了。

佚名 摄

2017年7月8日，隆回县瑶族老奶奶在采摘金银花。在隆回县小沙江镇，金银花从种植、采摘，到加工、销售，已经形成了一条完整的产业链。种植金银花、加工金银花、销售金银花，是支撑此地村民生活最根本的保障。

———

谢文喜 摄

2017年8月27日，麻阳苗族自治县楠木桥村，身着苗服的老人正在品尝葡萄。本地发展特色产业脱贫致富，高山富硒刺葡萄是当地的特色水果产业之一。

———

滕树明 摄

2017 年 9 月 18 日，位于桂东县普乐镇的桂东太阳园艺有限责任公司扶贫基地，村民在温室大棚培管红掌。该镇采取"优质企业＋村委会＋新型合作社"带动贫困户的模式，对建档立卡贫困户进行股份帮扶和就业帮扶，组织 100 户贫困户用每户 5 万元的小额信贷资金入股，发展产业帮助他们增收。

郭立亮 摄

2018年4月，岳阳市君山区，养殖户在喂鹅。

———————

姚斌 摄

2018 年 6 月 10 日，炎陵县黄桃果园，村民们正在采摘黄桃。炎陵县大力发展黄桃产业，带动乡民脱贫致富。

佚名 摄

2020 年 1 月 11 日，洞口县雪峰蜜橘硕果累累。

————————

滕治中 摄

2020年5月5日，道县祥霖铺镇上渡村养鸭场，电子商务公司的销售员通过直播向顾客推荐鸭蛋。"五一"假期，该县各电商和网络平台工作人员纷纷深入农村做直播，助力贫困户销售畜禽、水果、蔬菜等农产品，帮助他们增收。

何红福 摄

2020年5月21日，娄底市娄星区水洞底镇凤冠村种养专业合作社，村民在给鸵鸟喂食。

李健 摄

2020年5月26日，保靖县黄金村，茶女们正在采摘黄金茶。黄金茶是保靖县的特色支柱产业，为山区群众增收致富开辟了新途径。

钟文博 摄

2020年5月28日，古丈县牛角山茶叶专业合作加工厂门前，兴高采烈的采茶村民。

傅聪 摄

2020 年 5 月 28 日，龙山县惹巴妹手工织品有限公司设置在凤凰县阿拉营镇易地扶贫搬迁安置区的扶贫车间里，搬迁户龙金香（右二）带着孙子（右一）参加手工纺织培训。

傅聪 摄

2020 年 6 月 4 日，桃江县马迹塘镇楠竹竹笋加工车间，工人在忙着深加工竹笋。桃江县有竹林面积 115 万亩，素有"楠竹之乡"美誉。

李健 摄

2020年8月10日，邵阳县塘渡口镇塘坪村，成片的油茶林。近年，该县将油茶产业发展与脱贫攻坚紧密结合，通过科技扶持、财政支持等措施，引导发展油茶种植面积70.6万亩，带动了2.5万多名贫困群众增收脱贫。

———————

唐俊 摄

2020 年 9 月 9 日，通道侗族自治县独坡镇华盛公司产业基地，菜农们在采摘小米椒。

李利彬 李尚引 摄

2021 年 9 月 1 日，凤凰县麻冲乡竹山村，就近就业的村民欢声笑语地去上班。近年，该村立足资源特色，发展旅游产业，打造竹山乡居精品民宿和无边界温泉泳池等，使村落变景区，村民变员工。

李健 摄

2021 年 3 月 29 日，通道侗族自治县菅芙洲镇九层岭生态茶园：采茶工人在赶采明前茶

栗勇主 吴三东 摄

2019 年 9 月 19 日，邵阳市新邵县严塘镇白水洞村易地扶贫搬迁集中安置点，33 栋别墅式楼房与青山绿水稻田相映成趣，构成一幅乡村美景。

田超 摄

2020 年 5 月 11 日，全省安置人口第二的易地扶
贫搬迁集中安置区——沅陵县太安社区。

———————

张桂华 摄

2020 年 4 月 26 日，桑植县龙潭坪镇易地扶贫搬迁阳光小区，居民们在进行舞龙训练。2019 年 7 月，该镇 16 个村 154 户 556 人搬到该小区后，村民自发成立了文娱社团，经常在小区里开展舞龙、打九节鞭、乡村音乐会等文娱活动。

唐俊 摄

2020 年 5 月 10 日，凤凰县科
甲扶贫安置区，工人正在 4G
通信塔上检修

周沙 摄

在精准扶贫全面推进之前相当长的一段历史时期内，农村医疗条件十分落后，普遍缺医少药，村民患病，多是"小病拖，大病扛"。

　　医疗精准扶贫彻底改变了农村医疗状况，偏远乡村医疗条件得到极大改善。

2019 年 8 月 30 日，永州市江华瑶族自治县沱江镇云梯山村，乡村医生刘明在宽敞规范的村卫生室里为村民提供基本医疗服务。

佚名　摄

2020 年 1 月 14 日，蓝山县浆洞瑶族乡茶源坪村，医务人员在给村民测量血糖。2018 年起，医疗队打破"坐堂问诊"的旧模式，建起"深山巡诊""入户送诊"为一体的医疗新机制，为瑶寨村民送来了健康。

徐衍 摄

2020 年 4 月 17 日，涟源市古塘乡卫生院远程诊室，乡村医生使用远程诊疗终端，与南华大学附属南华医院的专家为患者进行远程诊疗。

傅聪 摄

2018 年 12 月 14 日，会同县特教学校
老师为贫困残疾儿童上课。

张镭 摄

2022年2月16日，新田县芙蓉学校，学生在校园里奔跑嬉戏。2017年11月，为全面打赢脱贫攻坚战，解决全省义务教育大班额严重、义务教育发展不均衡等突出问题，省委、省政府决定，重点面向贫困地区建设一批中小学，并统一设计、统一风格、统一标准，统一命名为"芙蓉学校"。4年来，湖南投入87亿多元，建设101所芙蓉学校，深刻改变着湖南边远地区教育生态。

钟伟锋 摄

2020 年 10 月 13 日，启航留守儿童合唱团在节目现场表演。祁东县官家嘴镇启航学校在
2017 年 4 月，组织成立了一支合唱团——启航留守儿童合唱团。这是湖南省第一支由留守
儿童组成的合唱团。2020 年，他们的故事，被搬上了大型扶贫歌舞剧《大地颂歌》。

佚名 摄

2015 年 3 月 22 日，常德石门郊区，生态环境优美。

林攸忠 摄

2015 年 12 月 13 日，岳阳县张谷英村。该村拥有江南地区迄今保存面积最大的明清古民居建筑群，被称为"民间故宫"。

李敏 摄

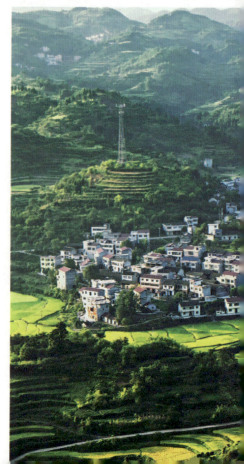

2015 年 8 月 23 日，麻阳苗族自治县
栗坪乡中寨坪村的美丽田园。

滕树明 摄

2018 年 11 月 9 日，双峰县梓门桥镇八仙村，双峰梓金农机服务农民专业合作社社员驾驶收割机抢收晚稻。

———

李建新 摄

2019 年 8 月 19 日，江华县水口新镇。这里是湖南省最大的
移民集中安置点。

———————

李忠林 摄

2020 年 3 月 14 日，平江县木金乡美丽的田园风光。平江县
大力提倡土地流转，土地利用效率大大提高。加快土地流转、
推进农业规模化经营，是实施乡村振兴战略、实现农业现代
化的重要途径。

皮皮 摄

2021 年 7 月 31 日，澧县澧澹街道，田野色彩缤纷，景美如画。近年来，该街道大力发展粮食、蔬菜、特色瓜果等农作物种植，助力乡村振兴。

柏依朴 摄

2021 年 11 月 10 日，宁远县东溪街道红岩村，村民在超甜草莓园覆盖地膜。近年，该村依托交通便捷优势，打造"农业＋旅游"融合新业态，大力发展蜜桃、葡萄、草莓等特色产业，带动农户家门口就业增收，助力乡村振兴。

乐水旺 摄

2022 年 4 月 8 日，宁乡市双江口镇，技术人员正在操作农业无人机进行喷洒作业。

郭立亮 摄

2022 年 4 月 10 日，益阳市赫山区笔架山乡中塘村水稻种植基地，村民操作水稻抛秧机在田间机抛早稻秧苗。

郭立亮 摄

上图

2022 年 4 月 11 日，浏阳市达浒镇金石村滩头蔬菜专业合作社智慧温控大棚，应用现代化喷滴灌、水肥一体化设施，蔬菜种植大面积实现智慧化，提升了绿色蔬菜种植的品质。

郭立亮 摄

右图

2022 年 4 月 13 日，益阳市赫山区智慧农业育秧工厂，技术人员在观察秧苗的长势。该工厂采用"W"型循环立体运动育秧苗床，搭建了"物联网＋大数据"5G 智慧控制系统，自动化、智能化的育秧方式成本低、效率高、品质好。

郭立亮 摄

湖南省农作物种质资源库，微距镜头下的种子千姿百态，极具震撼之美（100个种子拼合图片）。截至2022年，该资源库已经收集保存59个国家（地区）、全国32个省（市、自治区）的种质资源3万余份，还建成了世界最大的辣椒种质资源库。

———

郭立亮 摄

1976 年，浏阳河浏阳县域段。

黎善绍 摄

　　"浏阳河弯过了几道弯？几十里水路到湘江……"，一曲《浏阳河》享誉中外，也让革命老区浏阳市被大家熟知。1997 年，浏阳市顺利摘掉国家级贫困县帽子。2006 年，首次跨入全国百强县市行列，位列第92 位。此后，浏阳市在全国百强县市榜上不断向前迈进，形成了县域经济发展的"浏阳现象"。

2017 年 8 月 29 日，浏阳河浏阳市城区段，水清岸绿，高楼林立。

邓霞林 摄

2016 年 7 月 23 日，长沙滨江文化园夜色。

唐俊 摄

2019 年 7 月 22 日傍晚，湖南湘江新区梅溪湖国际文化艺术中心。2015 年 4 月，国务院同意设立湖南湘江新区。湖南湘江新区成为中国历史上第 12 个国家级新区，也是中部地区首个国家级新区。

唐俊 摄

2020 年 8 月 14 日，夕阳下，岳麓山、湘江、橘子洲与长沙城交相辉映，好一幅山水洲城秀美画卷。

辜鹏博 摄

2020 年 11 月 9 日，云雾缭绕的泸溪县城，沅水绕城而过。

陈敏捷 摄

2020 年 12 月 31 日，长沙市黄兴路步行街上的大长沙美食城寨，人头攒动。近年来，长沙夜间经济蓬勃发展，也由此成为年轻人眼中的"幸福之城"。长沙成功入选"2021 年中国城市夜经济影响力十强城市"，位列全国第二。

———

羽尘 VISION 摄

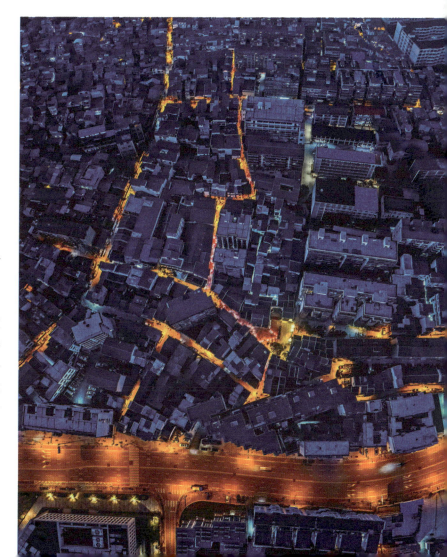

2020 年 1 月 29 日，长沙市天心区西文庙坪片区，老街夜色迷人。近年来，西文庙坪片区经过有机更新，以往"低调"的街巷人气越来越旺，道路干净规整，建筑古色古香。藏在其间的民宿，成了不少 95 后游客的打卡地。

———

谢望东 摄

2015 年 1 月 27 日，北斗全球卫星导航系统地面通信关键技术攻关。国防科技大学北斗创新团队先后突破"卫星抗干扰""系统高精度测量"等重大技术瓶颈，攻克近百项关键技术，研制出两千多台（套）核心装备。

———

何书远 摄

2015年5月14日，湖南科技大学研制的多用途钻机"海牛号"，在南海深海海试成功，标志着我国具备了深水海底取样的能力，成为全球第四个掌握此项技术的国家。

佚名 摄

2019 年 8 月 13 日，航拍岳麓山国家大学科技城。这片没有围墙的大学城集聚 20 多所高校院所，致力于打造协同创新生态体系，更好地释放创新活力、汇聚创新资源、激发创业热情。

辜鹏博 摄

2021 年 7 月 12 日，长沙市浏阳河畔，蓝天白云下的马栏山视频文创产业园。2017 年 12 月 20 日，马栏山视频文创产业园正式揭牌并举行奠基仪式。产业园以数字视频创意为龙头，以数字视频金融服务、版权服务、软件研发为支撑，致力于打造成为国内一流、国际领先的"中国 V 谷"。

李健 摄

2019年9月16日，湖南农业大学，中国工程院院士袁隆平受到学生的追捧。袁隆平是享誉海内外的著名农业科学家，国家杂交水稻工程技术研究中心原主任，"共和国勋章"获得者。他是世界上第一个成功利用水稻杂种优势的科学家，被誉为"杂交水稻之父"。

———

辜鹏博 摄

2021 年 5 月 19 日，2021 长沙国际工程机械展览会，夜色下参展的湖南工程机械装备。长沙已成为仅次于美国伊利诺伊州、日本东京的世界第三大工程机械产业集聚地。

辜鹏博 摄

科学管理诚信为本　精益求精提高效率

铁建

重工

2021年6月15日，铁建重工集团长沙第二产业园，国产最大直径土压平衡盾构机"锦绣号"即将下线运往四川成都，参与成自铁路锦绣隧道掘进。

辜鹏博　摄

2020年9月15日，三一重工18号厂房自动阀块加工中心。这个拥有港口机械、路面机械、混凝土机械等多个工程机械设备装配生产线的车间，是工程机械行业首座智能化"灯塔工厂"，成为工信部首批智能制造示范车间。

———————

唐俊 摄

2021 年 2 月 18 日，中联重科麓谷工业园成品展示。近年，中联重科全球最大塔机
智能工厂实现全线投产，引领行业数字化绿色化转型升级发展新风向。

———————

郭立亮 摄

2021 年 7 月 16 日，株洲芦淞通用机场，山河飞行表演队在空中进行"多机开花"特技飞行表演。山河飞行表演队是我国首支国产运动飞机的飞行表演队，所用飞机为国产山河 SA60L 飞机。山河 SA60L 飞机是由湖南山河科技股份有限公司自主研发、设计与制造的单发双座轻型运动飞机，其飞行性能、安全性能均达到国际先进水平。

———————

郭立亮 摄

2020年9月15日，中车株洲电力机车有限公司出口欧洲的多流制电力机车行驶在轨道上。这是按照欧盟铁路互联互通技术规范研制的满足多种供电制式的高端绿色牵引装备。

辜鹏博 摄

2020 年 9 月 15 日，长沙市岳麓区梅溪湖大桥，湖南阿波罗智行科技有限公司运营的 Apollo Robotaxi 自动驾驶出租车平稳地行驶在桥面上。长沙作为国内首个、目前最大的自动驾驶之城，已有梅溪湖、洋湖片区的城市道路开放测试。

辜鹏博 摄

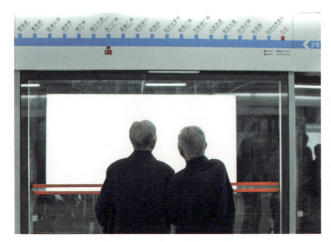

2014年4月18日，湖南第一条地铁——长沙地铁2号线一期工程，接受市民试乘。4月29日，载客试运营。长沙从此迈入"地铁时代"。

辜鹏博 摄

2016年5月6日，长沙市黄花机场，一辆磁浮列车即将驶入磁浮机场站。当天，长沙磁浮快线试运营，这是中国首条具有完全自主知识产权的中低速磁浮商业运营示范线，也是世界上最长的中低速磁浮商业运营线。

田超 摄

2017年10月23日，全球首列智轨电车行驶在株洲市神
农大道。当天，由中车株洲电力机车研究所自主研发的
具有虚拟轨迹跟随能力、以全电驱动胶轮车辆作为运载
工具的新型智轨电车，驶入城市公共道路，实现上路试
运行。

郭立亮 摄

2016 年 10 月 28 日，厦（厦门）蓉（成都）高速
湖南汝郴段赤石特大桥顺利通车，厦蓉高速公路
湖南段同时全线贯通，为湖南乃至西部地区又打
造出一条快捷出海通道。

郭立亮 摄

2016 年 11 月 26 日，湘潭昭山示范区，快捷
通达的综合立体交通体系已经形成。

————

黄奇亮 摄

2017年6月28日，邵阳武冈民用机场通航。邵阳地处湘西南地区，交通极为不便，邵阳武冈机场的投入使用，将极大地改善湘西南地区综合交通条件，完善该区域航空网络布局，促进地方经济社会协调发展。

刘和英 摄

2017年8月18日，繁忙的长沙新港码头，整装
待发的集装箱。2020年长沙新港完成货物吞吐量
1115万吨，长沙新港迈入"千万吨级"港口行列。

———

童迪 摄

2018 年 10 月 30 日，满载集装箱的船舶驶出株洲航电枢纽二线船闸。当天，该船闸正式建成通航，湘江大源渡航电枢纽至岳阳城陵矶河段航道由 1000 吨级三级航道全面提升至 2000吨级二级航道，通航能力显著提升，湘江货物运输成本进一步降低。

傅聪 朱运来 摄

2018 年 10 月 31 日，穿行在群山峻岭间的高速公路。

刘雅雯 摄

2019 年 6 月 5 日，三桥并架——轻轻抚过洞庭芦苇荡。洞庭湖上先后建成三座大桥。这些桥梁连接的不仅是两岸，还连通了整个环洞庭湖经济圈和长江经济带。

许理伟 摄

2021 年 8 月 30 日，晨曦中的吉首市石家寨互通立交桥，包茂高速与永吉高速在此交会。2017 年 9 月 15 日，永吉高速公路古丈至吉首段建成通车。至此，湘西土家族苗族自治州实现了县县通高速。

彭璟 摄

2020 年 5 月 26 日，华容
县三封寺镇莲花堰村，四通
八达的公路直抵田间、通组
达户。

———

李健 摄

2021年9月13日，湘潭市岳塘区，长株潭城际铁路列车与京广高铁在此相遇。2021年5月7日以来，湖南推动城铁"公交化"运营，加速形成高效便捷的长株潭"半小时交通圈"，大大提升了人员、物资的流通效率。

辜鹏博 摄

2021 年 12 月 6 日，张吉怀高铁酉水大桥段，一辆高铁列车疾驰在美丽山水间。当天，张吉怀高铁正式开通运营。张吉怀高铁建成通车，对改善沿线群众出行条件、促进乡村振兴，以及深度融入"一带一路"和长江经济带发展、加快建设社会主义现代化新湖南具有重大意义。

李健 摄

2016年11月27日，石门壶瓶山供电所的
"电骡子"共产党员服务队队员，正在进
行线路巡视。

葛伟 摄

2013 年 6 月 13 日，桑植县境内，世界首条 ±800 千伏特高压直流输电线路——复奉线穿行而过。

向金次 摄

2016 年 8 月 10 日，第十五届"汉语桥"世界大学生中文比赛总决赛在长沙完美收官，108 个国家的 146 位参赛选手参加多个环节的选拔和角逐。"汉语桥"被誉为联通中国与世界的"文化之桥、友谊之桥、心灵之桥"。

唐俊 摄

2019 年 6 月 28 日，湖南国际会展中心，首届中非经贸博览会上，湘西苗鼓与非洲手鼓同台表演，吸引了众多观众。中非经贸博览会是中非合作论坛机制下唯一的经贸合作平台，也是湖南第一个国家级、国际性对外开放平台。

徐行 摄

2014年10月30日，我省首条直达欧洲的国际铁路货运专列——湘欧快线正式开通运行。

———

郭立亮 摄

2022 年 1 月 6 日，首班中老铁路（怀化—万象）国际货运列车从怀化国际陆港发车。这趟满载货物的国际班列从怀化出发后，将向西经过贵阳、六盘水、昆明等城市，从云南磨憨口岸出关后经老挝磨丁到达老挝万象，全程约 2098 公里。

辜鹏博 摄

2013 年 5 月 19 日，新化县紫鹊界梯田。

罗中山 摄

2016 年 8 月 1 日，张家界天门山，悬崖峭壁上的幽谷栈道。

邵颖 摄

2016 年 11 月 27 日，丹霞地貌，
崀山美景。

———

肖云良 摄

2017 年 11 月 25 日，雾海仙居，
石门县壶瓶山。

童成文 摄

2017 年 12 月 17 日，南岳祝融峰的雾凇景观。

罗茂盟 摄

2019 年 5 月 30 日，资兴市东
江湖，湖水碧蓝，风景怡人。

郭立亮 摄

2019 年 9 月 23 日，众多游客在毛泽东同志故居参观。湖南素有"革命摇篮、伟人故里"美誉，红色文化资源遍布三湘四水。近年来，湖南多形式创作红色作品，多样化创新传播方式，多层次发展红色旅游，不断擦亮湖南的红色底色。

辜鹏博 摄

2021 年 6 月 18 日，韶山火车站，韶山至井冈山红色专
列上，首批乘坐的旅客高兴地向窗外挥舞着党旗。

———————

郭立亮 摄

2020 年 10 月 7 日，沙洲瑶族村"半条被子"故事发生
地旧址，前来参观的游客络绎不绝。

———————

郭立亮 摄

2021 年 4 月 10 日，沙洲瑶族村"半条被子"故事雕塑前，小学生在接受爱国主义教育。

—————

黄春涛 摄

2019 年 6 月 20 日，慈利县三官寺土家族乡罗潭村，游客在禾田居山谷溶洞餐厅就餐。近年，罗潭村大力发展乡村旅游，为农村经济发展注入新活力。

辜鹏博 摄

2020年5月5日，溆浦县统溪河镇枫香瑶寨，游客在湖南省内海拔最高的恒温泳池游泳。近年，该县按照"开发一个景点、富裕一方百姓"的思路，大力发展乡村旅游业。雪峰山旅游扶贫被列入全国"公司＋农户"旅游扶贫示范项目。

辜鹏博 摄

2020年11月7日，龙山县里耶镇八面山景区，星空下的帐篷酒店吸引众多游客前来观光体验。近年，当地依托独特的气候和地理环境发展旅游业，建设和完善星空帐篷酒店、乡村民宿、房车酒店等相关配套设施，带动群众增收。

张术杰 摄

2022 年 3 月 7 日晚，凤凰古城华灯初上。

李健 摄

2022 年 3 月 9 日，永顺县灵溪镇洞坎村陈家坡，数十亩梅园的梅花竞放，吸引了众多游客前来踏春赏梅。

郭立亮 摄

2015年5月3日，龙山县土家族茅古斯表演。

曾祥辉 摄

2017 年 10 月 5 日，靖州苗族侗族自治县的村民在演绎
当地婚俗——闹井台。

刘刚 摄

2018 年 2 月 16 日，张家界魅力湘西大剧院，民间艺人在表演"上刀山"。

———

吴勇兵 摄

2018 年 4 月 17 日，通道侗族自治县的村民在演绎侗族民俗——抢鱼塘。

———

曾爱萍 摄

上图

2020年8月26日，湖南省（夏季）乡村文化
旅游节在隆回县虎形山大花瑶景区举办，当地
村民在表演文艺节目。

佚名 摄

左图

2019年6月6日，汨罗市2019年端午节龙舟
比赛现场，龙舟队进行直道竞速。

赵智勇 摄

2016年11月2日，数百只白琵鹭翔集岳阳东洞庭湖国家级自然保护区。

杨一九 摄

2016年11月5日，东洞庭湖国家级自然
保护区内，一群麋鹿踏水而行。

杨一九 摄

2020 年 4 月 27 日，长江岳阳市君山华龙码头段，江豚在水中嬉戏。江豚属于国家一级重点保护野生动物，对水质要求比较高，被人们称为长江生态的"晴雨表"。

石述威 摄

2020年8月3日，南山国家公园，高山草甸，峰丛地貌，翠峰叠嶂。南山国家公园是全国首批十个国家公园体制试点区之一，是我国南方低山丘陵生态系统及生物多样性的典型代表之一，是重要的鸟类迁徙通道。

高涵 摄

2020年9月19日，岳阳城陵矶港，环保提质改造项目——全封闭"胶囊"形散货仓库大棚。该项目是长江流域首个巨型"胶囊"散货仓库大棚，有利于保护长江生态环境，实现绿色发展。

徐典波 摄

2013 年 9 月，湖南省将湘江保护和治理列为"一号重点工程"，将锡矿山纳入环境综合治理五大重点区域之一，全面解决锡矿山区域水、大气、土壤、废渣等问题。如今，锡矿山从满目疮痍的矿区蝶变成绿意盎然的景区。

2021 年 6 月 5 日，娄底锡矿山，复绿矿区满目新绿。

陆波 摄

整治前的娄底锡矿山。

潘涛 摄

2021 年 8 月 30 日，位于长江沿岸的岳阳市君山
华龙码头，一望无际的芦苇"绿海"。

———

郭立亮 摄

2017 年 8 月 22 日，湖南湘江新区，孩子们和家长一起观看机器人表演。

李健 摄

2017 年 8 月 31 日，长沙梅溪湖国际文化艺术中心
大剧院首次对公众开放，大批市民在现场参观。

———————

郭立亮 摄

2017年11月29日,湖南省博物馆新馆三楼的"长沙马王堆汉墓陈列"。此陈列首次以1比1的比例复原了辛追墓坑。长沙马王堆汉墓被称为世界十大古墓稀世珍宝之一。

郭立亮 摄

2019年9月15日，凤凰县蜡魂蜡染工作室。湘西土家族苗族自治州大力推动非物质文化遗产活态传承和生产性保护工作，鼓励各级代表性传承人建立非物质文化遗产生产性保护基地。

———

吴碧艳 摄

上图

2019 年 9 月 23 日，邵东县灵官殿镇乡村图书室。

———

黄沪舟 摄

右图

2020 年 10 月 2 日，江永县桃花源图书馆，读者于书架前流连。

———

蒋克青 摄

2020年1月30日，汨罗市蓝天救援队的志愿者对高铁汨罗东站进行消毒处理。

黄松柏 摄

2020年3月10日，一架伊朗入境包机降落在长沙黄花国际机场，长沙海关坚决筑牢国门防线，严防境外新冠肺炎疫情输入。

黄勇华 摄

2020 年 3 月 17 日，湖北省黄冈市大别山区域医疗中心，西六区所有新冠肺炎
患者马上就要出院了，湖南医疗队队员熊佳丽终于能走到阳光下，轻松片刻。

辜鹏博 摄

2020 年 3 月 6 日，K4534 次云贵至浙江杭州东务工返岗专列开行，输送返岗复工人员。此趟专列共载有350 名务工人员，其中贫困劳动力 98 人。

张镭 摄

2020 年 3 月 22 日，61 名援助湖北黄冈医疗队
队员回到衡阳市，受到雁城市民热烈欢迎。

———

罗茂盟 摄

2018年9月20日，安化县人民法院柘溪库区"水上人民法庭"航行在库区水域。该法庭是我省首个水上移动法庭，常年为库区群众服务。

——————

童迪 摄

2021年8月30日，常德市民之家，市民来到"一件事一次办"窗口办理相关业务。近年，该市行政审批服务局积极推进基层政务服务就近办、一次办，开发了无证明"刷脸"办事功能服务。

田超 摄

2014年6月15日，靖州苗族侗族自治县排
牙山国家森林公园，众多游人在此休闲游玩。

———

卢七星 摄

2015 年 3 月 29 日，张家界武陵源，专业自行车选手在美丽的田野间角逐。

郭立亮 摄

2015 年 1 月 17 日，麻阳苗族自治县锦江广场，老人们表演自己编排的节目，引发观众阵阵笑声。

———

滕树明 摄

2016 年 10 月 21 日，长沙市开福区砚瓦池社区善孝堂老年康养中心，乐享晚年的老人在表演文艺节目。

———

李健 摄

2017年10月31日，凤凰县，三位老人看着智能手机，开心地笑了。

郝天佑 摄

2015 年 6 月 28 日，长沙橘子洲景
区，草莓音乐节上的年轻人。

辜鹏博 摄

2019 年 10 月 27 日，长沙国际马拉松赛。长沙国际马拉松赛已成为国际田联标牌赛事，该赛事以长沙"一江两岸"为主线，成为跑者热衷打卡的赛事之一。

———————

傅聪 摄

2014 年 9 月 20 日，长沙市橘子
洲烟花。节假日的橘子洲烟花，
已经成为长沙一道绚丽的风景。

谢望东 摄

后　记

　　2021 年 7 月 1 日，在庆祝中国共产党成立 100 周年大会上，习近平总书记庄严宣告，经过全党全国各族人民持续奋斗，我们实现了第一个百年奋斗目标，在中华大地上全面建成了小康社会。

　　千年梦想，百年夙愿，今朝梦圆。

　　"民亦劳止，汔可小康。"《诗经》里的悠悠吟唱，穿越千年风雨，在中国特色社会主义新时代变成了现实；中国共产党人的接续奋斗，历经百年沧桑，把全面小康的里程碑树立在复兴之路上。

　　对湖南来说，全面建成小康社会，既是国家发展巨变的雄壮交响，也是湖南人民笑颜绽放的鲜活故事。它书写在不断增多的蓝天、不断延伸的绿道、不断改善的居住环境里，书写在让人民生活"一年更比一年好"的不变追求里……

　　时代变迁发展，影像进行时。影像承载着一种见证，在历史时空释放其永恒的能量。一张照片虽然是凝固的时刻，但是无数的照片拼接在一起，就是奔流的时代长河。

　　今天，我们从数以十万计的照片中筛选出了 200 余幅，以时间为经，以农业生产、工业生产、交通建设、科技教育、文化旅游、文化娱乐、医疗卫生、生态建设、社会生活等板块为纬，全方位多角度立体化呈现湖湘儿女在全面建成小康社会伟大征程中的奋斗场景、湖湘大地的喜人变化，展现湖南人民吃苦耐劳、求新求变的精神面貌。

本书在中共湖南省委宣传部的统筹指导下，由湖南日报社组织编写。湖南日报社党组书记、社长姜协军，党组副书记、总编辑邹继红部署编写任务；党组成员、副总编辑颜斌多次组织编写人员研讨框架内容，并对书稿进行审核把关；编委、湘视频道总监刘建光负责全书编写工作的组织实施；湘视频道副总监刘桂林、王立三，编辑谢婉雪参与编写工作；时政频道总监唐婷撰写了部分文字。

本书出版前得到湖南省发改委、湖南省教育厅、湖南省工信厅、湖南省民政厅、湖南省生态环境厅、湖南省交通运输厅、湖南省农业农村厅、湖南省商务厅、湖南省乡村振兴局、湖南省社科院、《新湘评论》杂志社等单位细致而专业的审读指导，还得到湖南人民出版社的大力支持，在此一并表示感谢！

历史照亮未来，征程未有穷期。

让我们再一次从那些刻满时代烙印的瞬间，汲取不断前行的力量。

本书编写组
2022 年 6 月

责任编辑：周　熠　贺正举　古湘渝
封面设计：石笑梦
版式设计：杨发凯

图书在版编目（CIP）数据

全面建成小康社会湖南影像记／本书编写组编 . — 长沙：湖南人民出版社，
　2022.10
（"纪录小康工程"地方丛书）
ISBN 978 - 7 - 5561 - 2924 - 9

Ⅰ . ①全… 　Ⅱ . ①本… 　Ⅲ . ①小康建设 - 成就 - 湖南 - 摄影集 Ⅳ . ① F127.64-64

中国版本图书馆 CIP 数据核字（2022）第 088003 号

全面建成小康社会湖南影像记

QUANMIAN JIANCHENG XIAOKANG SHEHUI HUNAN YINGXIANGJI

本书编写组

湖南人民出版社 出版发行
（410005　长沙市开福区营盘东路 3 号）

湖南天闻新华印务有限公司印刷　新华书店经销

2022 年 10 月第 1 版　2022 年 10 月长沙第 1 次印刷
开本：710 毫米 ×1000 毫米 1/16　印张：15.75
字数：85 千字

ISBN 978 - 7 - 5561 - 2924 - 9　定价：56.00 元

邮购地址 410005　长沙市开福区营盘东路 3 号
湖南人民出版社销售中心　电话：（0731）82221529　82683301